BEI GRIN MACHT SICH IHR WISSEN BEZAHLT

- Wir veröffentlichen Ihre Hausarbeit,
  Bachelor- und Masterarbeit

- Ihr eigenes eBook und Buch -
  weltweit in allen wichtigen Shops

- Verdienen Sie an jedem Verkauf

Jetzt bei www.GRIN.com hochladen und kostenlos publizieren

Bibliografische Information der Deutschen Nationalbibliothek:

Die Deutsche Bibliothek verzeichnet diese Publikation in der Deutschen National-bibliografie; detaillierte bibliografische Daten sind im Internet über http://dnb.d-nb.de/ abrufbar.

Impressum:

Copyright © 2017 GRIN Verlag
Druck und Bindung: Books on Demand GmbH, Norderstedt Germany
ISBN: 9783668714588

Dieses Buch bei GRIN:

https://www.grin.com/document/427339

Marion Steiner

Beweglichkeits- und Koordinationstraining. Testung und Trainigsplanung

GRIN Verlag

GRIN - Your knowledge has value

Der GRIN Verlag publiziert seit 1998 wissenschaftliche Arbeiten von Studenten, Hochschullehrern und anderen Akademikern als eBook und gedrucktes Buch. Die Verlagswebsite www.grin.com ist die ideale Plattform zur Veröffentlichung von Hausarbeiten, Abschlussarbeiten, wissenschaftlichen Aufsätzen, Dissertationen und Fachbüchern.

Besuchen Sie uns im Internet:

http://www.grin.com/

http://www.facebook.com/grincom

http://www.twitter.com/grin_com

Deutsche Hochschule für
Prävention und Gesundheitsmanagement
Hermann Neuberger Sportschule 3
66123 Saarbrücken

Einsendeaufgabe

Fachmodul:	Trainingslehre III
Studiengang:	Bachelor Gesundheitsmanagement
Datum Präsenzphase:	25. – 27.09.2017
Name, Vorname:	Steiner, Marion
Studienort:	**München**
Semester:	**Wintersemester 2015**

Inhaltsverzeichnis

1   Personendaten

Bevor mit der Planung des Beweglichkeits- und Koordinationstrainings für Frau X begonnen wird, werden alle wichtigen allgemeinen und biometrischen Daten inklusive der medizinisch potentiell relevanten Informationen im Anamnese-Gespräch erfragt und dokumentiert. Nur so ist gewährleistet, dass die Trainingspläne den individuellen Voraussetzungen von Frau X entsprechen und ihr einen realistischen Trainingsfortschritt sowie das Erreichen ihrer Trainingsziele ermöglichen. Die erhobenen Daten sind in Tabelle 1 dargestellt.

Tab. 1: Allgemeine Daten inkl. Gesundheitszustand

Alter / Geschlecht	37 / weiblich
Körpergröße (cm) / -gewicht (kg)	161cm / 48kg
Trainingsmotive	Erhalt der Beweglichkeit für Alltag & Sport; Wohlbefinden steigern; Koordinationstraining als Verletzungsprophylaxe für Trail-Running
berufl. Tätigkeit	Praxisassistentin/Fernstudentin
aktuelle sportliche Aktivität	Laufen (3x/Woche), Schwimmen (2x/Woche)
frühere sportliche Aktivität	Jugend: Vereinshandball (2x/Woche), Freizeit-Badminton (1x/Woche)
zeitl. Verfügungsrahmen	3x 45 Min. pro Woche
orthopäd. / internist. Probleme	keine
ärztl. Behandlung / Medikamente	keine
sonstige gesundheitl. Einschränkungen	keine (Nichtraucherin, kein Alkohol, nicht schwanger, keine akuten Verletzungen, Operationen, neurolog. Probleme, Hypermobilität, Osteoporose, Durchblutungsstörungen od. Ähnl.)

Bewertung:

Die Analyse der allgemeinen und biometrischen Daten von Frau X ergibt das Bild einer gesunden, normal belast- und trainierbaren Ausdauersportlerin, die durch das zusätzliche Beweglichkeitstraining ihre bestehende Beweglichkeit erhalten und vorhandene Beweglichkeitsdefizite abbauen möchte. Da sie plant, künftig neben Straßen- auch Geländeläufe zu absolvieren, möchte sie durch das Koordinationstraining ihre Balance und Trittsicherheit verbessern.

2   Beweglichkeitstestung

„Die Beweglichkeit im Sport ist eine motorische Fähigkeit, Bewegungen und Haltungen im Rahmen der anatomisch vorgegebenen Bewegungsamplituden auszuführen bzw. einzunehmen. Grundlage dafür ist die anatomisch vorgegebene Gelenkbeweglichkeit, die Dehnfähigkeit der Gelenkkapseln, Sehnen und Muskulatur sowie deren neuromuskuläre Ansteuerung" (Hottenrott & Neumann, 2016, S.204). Während sich die Gelenkbeweglichkeit bzw. Gelenkigkeit „… aus der Form der am Gelenkaufbau beteiligten Knochen" (Albrecht & Meyer, 2015, S.13) ergibt und daher nur geringfügig beeinflusst werden kann, bezieht sich die Dehnfähigkeit „… auf die gelenkumgebenden bindegewebigen Strukturen wie Sehnen, Bänder und Gelenkkapseln und auf die Muskulatur mit ihren bindegewebigen Anteilen" (Albrecht & Meyer, 2015, S.13). Sie ist im Gegensatz zur Gelenkigkeit durch Training beeinflussbar. Dies gilt auch für die neuromuskuläre Steuerung, die „… als erste Instanz die Beweglichkeit …" (Albrecht & Meyer, 2015, S.13) und damit das von jedem Menschen individuell-erworbene Beweglichkeitsmuster bestimmt (Albrecht & Meyer, 2015, S.13). Damit das Beweglichkeitstraining exakt auf die individuellen Voraus- sowie Zielsetzungen von Frau X angepasst werden kann, wird bei den fünf wichtigsten Hauptmuskelgruppen das „… passive Bewegungsausmaß im Gelenk …" (Janda, 2000, S.253) getestet und mit vorliegenden Richtwerten verglichen. So können Rückschlüsse auf eventuell vorhandene Beweglichkeitsdefizite wie z.B. eine „… verminderte Dehnbarkeit …" (Janda, 2000, S.251) gezogen und ein in Bezug auf Übungsauswahl und Belastungsgefüge angemessenes Dehntraining gestaltet werden. Die Durchführung der einzelnen Testübungen, die zugehörigen Richtwerte sowie die von Frau X erzielten Testergebnisse sind Tabelle 2 zu entnehmen.

Tab. 2: Manueller Beweglichkeitstest nach Janda (2000), S.254-272

getestete Muskelgruppe	M. triceps surae (M. gastrocnemius & M. soleus gemeinsam)
Testausführung nach Janda (2000), S.254-255	Proband in Rückenlage; nicht getestetes Bein steht gebeugt mit Fuß auf Liege; Test-Bein gestreckt, distale Hälfte des Unterschenkels ragt über Liegenrand; Tester greift mit linker Hand den Fuß am Fersenbein, mit rechter Hand an Fußaußenkante; Hauptzug an Ferse distalwärts; rechter Daumen drückt Vorfuß leicht zum Schienbein
Richtwerte	**Stufe 0**: kein Defizit; Dorsalflexion mögl. bis zur 0-Stellung (90° zw. Fuß u. Unterschenkel); **Stufe 1**: leichtes Defizit; 0-Stellung nicht erreicht; **Stufe 2**: deutliches Defizit; Dorsalflexion bis 10° unter 0-Stellung möglich
Ergebnis Frau X	**rechts: 1; links: 1**

getestete Muskelgruppe	M. iliopsoas
Testausführung nach Janda (2000), S.257-260	Proband in Rückenlage; Gesäß schließt mit Liegenrand ab; Proband zieht ein Bein maximal weit zum Körper (= Stabilisation Becken u. LWS); Test-Bein im Überhang; Tester beobachtet Hüftflexion Test-Bein; Messbereich: Position Oberschenkel im Verhältnis zur Körperlängsachse (= Hüftbeugewinkel)
Richtwerte	**Stufe 0:** kein Defizit; Oberschenkel horizontal; durch leichten Druck des Testers gelangt Oberschenkel unter Horizontale; **Stufe 1:** leichtes Defizit bzw. leichte Hüftbeugestellung; durch leichten Druck des Testers gelangt Oberschenkel in Horizontale; **Stufe 2:** deutliches Defizit; trotz Druck des Testers gelangt Oberschenkel nicht in Horizontale
Ergebnis Frau X	rechts: 0; links: 0
getestete Muskelgruppe	M. ischiocrurales
Testausführung nach Janda (2000), S.261-262	Proband in Rückenlage; ein Bein in Knie- und Hüftgelenk gebeugt, Fuß steht auf Liege; Tester führt Test-Bein bei gestrecktem Kniegelenk in maximal mögliche Hüftbeugung; Messbereich: Winkel zw. Bein- u. Longitudinalachse (= Hüftbeugewinkel); Wichtig: Becken u. LWS fixiert, Test-Bein gestreckt
Richtwerte	**Stufe 0:** kein Defizit; Hüftflexion im 90°-Winkel möglich; **Stufe 1:** leichtes Defizit; Hüftflexion im Winkel zw. 80-90° möglich; **Stufe 2:** deutliches Defizit; Hüftflexion nur im Winkel < 80° mögl.
Ergebnis Frau X	rechts: 0; links: 0
getestete Muskelgruppe	M. rectus femoris
Testausführung nach Janda (2000), S.258	Proband in Rückenlage; Gesäß schließt mit Liegenrand ab; Proband zieht ein Bein maximal weit zum Körper (= Stabilisation Becken u. LWS); Test-Bein im Überhang, wird durch Tester in maximal möglicher Hüftextension fixiert; Tester führt Test-Bein in maximal möglichen Kniebeugewinkel (= Winkel zw. Ober- u. Unterschenkel; Messbereich)
Richtwerte	**Stufe 0:** kein Defizit; Unterschenkel hängt senkrecht herab; leichter Druck des Testers vergrößert Kniebeugung; **Stufe 1:** leichtes Defizit; Unterschenkel leicht nach vorn gestreckt; durch leichten Druck des Testers Kniebeugewinkel von 90° mögl.; **Stufe 2:** deutliches Defizit; Unterschenkel nach vorne gestreckt; auch mit leichtem Druck des Testers kein Kniebeugewinkel von 90° mögl.
Ergebnis Frau X	rechts: 0; links: 0
getestete Muskelgruppe	M. pectoralis major
Testausführung nach Janda (2000), S.270-271	Proband in Rückenlage; zu testende Körperseite am seitlichen Liegenrand; Beine angewinkelt, Füße auf Liege (= Stabilisation Becken u. LWS); Tester fixiert Brustkorb durch leichten Zug mit Hand in diagonaler Richtung von Test-Seite weg; Test-Arm im Schultergelenk abduziert u. außenrotiert, 90°-Flexion im Ellenbogengelenk; Messbereich: Position Oberarm

	zur Horizontalen
Richtwerte	**Stufe 0**: kein Defizit; Oberarm erreicht Horizontale; durch leichten Druck des Testers gelangt Oberarm unter Horizontale; **Stufe 1**: leichtes Defizit; Oberarm erreicht Horizontale nicht; durch leichten Druck des Testers gelangt Oberarm in Horizontale; **Stufe 2**: deutliches Defizit; Oberarm oberhalb Horizontale; gelangt trotz Druck des Testers nicht in Horizontale
Ergebnis Frau X	**rechts: 1; links: 1**

Interpretation:

Die Testergebnisse von Frau X lassen sich folgendermaßen interpretieren: Frau X verfügt in nahezu allen getesteten Muskelgruppen über eine gute Beweglichkeit (jeweils Stufe 0: keine Defizite). Lediglich bei den Muskelgruppen M. pectoralis major sowie M. triceps surae liegen leichte Defizite (jew. Stufe 1) vor. Im Rahmen ihres Beweglichkeitstrainings gilt es die vorhandene Beweglichkeit zu erhalten sowie die existierenden Defizite zu verringern bzw. abzubauen.

3 Trainingsplanung Beweglichkeitstraining

Tab. 3: Trainingsplan Dehntraining

Übung	Zielmuskulatur (ZM) & Ausführung	Dehn-methode
0) Warm-Up	**ZM**: Ganzkörper; leichtes Warm-Up (z.B. Einlaufen oder Indoor-Cycling, Mobilisationsübungen für Oberkörper)	keine
1) Ausfallschritt auf Step (Flicke, 2014, S.111)	**ZM**: Waden/M. triceps surae; **Ausgangsposition**: leichte Schrittstellung auf Step; Körpergewicht auf vorderem, im Knie leicht gebeugten Standbein; hinteres Spielbein entspannt, nur mit Vorfuß auf Step; **Bewegung**: Spielbein-Ferse absinken lassen (= Dehnstellung); isometrische Kontraktion der Spielbein-Wadenmuskulatur für 6-10 Sek., Spannung auflösen u. Dehnstellung erweitern bis zu leichtem Dehnschmerz; Position 10-30 Sek. halten; Wiederholen des erläuterten Bewegungsablaufs gemäß Satzzahl (Flicke, 2014, S.110); **Wirkung**: Dehnung M. triceps surae durch maximale Beugung oberes Sprunggelenk im Spielbein; **Wichtig**: Körpergewicht nie auf Spielbein, da sonst statt Dehnung exzentrische Arbeitsweise der zu dehnenden Muskulatur	postisometrisch
Übung	Zielmuskulatur (ZM) & Ausführung	Dehn-

Übung	Zielmuskulatur (ZM) & Ausführung	Dehn-methode
2) Oberkörperrotation an Wand (Flicke, 2014, S.115)	**ZM:** Brust vorne/M pectoralis major; **Ausgangsposition:** aufrechter Stand in Schrittstellung, wandseitiges Bein vorausgestellt; wandseitiger Arm angewinkelt mit Unterarm an Wand aufliegend; **Bewegung:** Dehnstellung durch Rotation Oberkörper von Wand weg; Position halten; Dehnung durch Wandwiderstand ohne Kontraktion Antagonist	passiv-statisch
3) Ferse im Stand zum Gesäß ziehen (Albrecht & Meyer, 2015, S.89-90)	**ZM:** Oberschenkel vorne/M. quadriceps femoris; **Ausgangsposition:** Stand; eine Hand fasst gleichseitiges Spielbein am Sprunggelenk; Standbein leicht gebeugt; **Bewegung:** Dehnposition durch aktives Aufrichten des Beckens; **Verstärkung Dehnreiz:** bei fixiertem Becken Knie nach hinten bzw. Ferse zum Gesäß ziehen; dynam. Wechsel zw. leichterem/stärkerem Zug am Sprunggelenk	passiv-dynam.
4) Senkrechte Beinstreckung im Liegen (Flicke, 2014, S.112)	**ZM:** Oberschenkelrückseite/Mm. ischiocrurales; **Ausgangsposition:** liegend; im Knie gebeugtes Spielbein mit Händen sanft zur Brust ziehen; anderes Bein gestreckt am Boden; **Bewegung:** zur Brust gezogenes Spielbein möglichst bis in Senkrechte strecken (Dehnung Kniegelenkbeuger durch Kontraktion Antagonist), Position halten	aktiv-statisch
5) Seitgrätschstand (Flicke, 2014, S.113)	**ZM:** Oberschenkel innen/M. adductor longus/magnus /brevis; M. gracilis; M. pectineus; **Ausgangsposition:** Seitgrätschstand, Beine etwas mehr als schulterbreit geöffnet; **Bewegung:** Körpergewicht so weit auf Stützbein verlagern, bis Dehnreiz im Spielbein erreicht; leichtes dynamisches Nachfedern	passiv-dynam.
6) Liegender Beinknoten (Albrecht & Meyer, 2015, S.118)	**ZM:** Gesäßmuskulatur/M. glutaeus maximus/medius/minimus; **Ausgangsposition:** in Rückenlage auf Boden; Stützbein mit ca. 90° gebeugtem Knie aufgestellt; Spielbein in Hüfte nach außen rotiert u. mit Unterschenkel auf Stützbein-Oberschenkel abgelegt; **Bewegung:** Stützbein-Oberschenkel mit Händen zum Oberkörper ziehen; Position halten	passiv-statisch
7) Katzenbuckel (Flicke, 2014, S.114)	**ZM:** Rückenstrecker/M. erector spinae; **Ausgangsposition:** Vierfüßlerstand am Boden, Hände leicht schulterbreit aufgestützt; Fingerspitzen nach innen, Ellenbogen leicht nach außen gebeugt; Knie schulterbreit, Hüft- u. Kniegelenk ca. 90° gebeugt; Kopf in Verlängerung WS; **Bewegung:** aktive Anspannung Bauchmuskulatur (= Antagonist), Wölbung WS nach oben; dynam. Wechsel zw. Position halten und auflösen	aktiv-dynam.
8) Tiefe Schrittstellung (Flicke, 2014, S.114)	**ZM:** Hüftbeuger/M. iliopsoas; M. rectus femoris; **Ausgangsposition:** tiefe Schrittstellung (vorderes Stützbein mit gebeugtem Knie aufgestellt; hinteres Spielbein mit Unterschenkel am Boden) Körpergewicht auf Stützbein; **Bewegung:** mit aufrechtem Oberkörper u. aktiv angespannter Gesäß-, Bauchmuskulatur Becken vorschieben, Pos. halten	passiv-dynam.

		methode
9) Kopf runter, Arme vor (Flicke, 2014, S.115)	**ZM:** Kapuzenmuskel/M. trapezius; Zwischenschulterblattmuskeln/ Mm. rhomboidei; **Ausgangsposition:** leichte Grätschstellung, Arme nach vorne ausgestreckt, Hände mit Handflächen nach vorne inei-nander verhakt; **Bewegung:** aktiv Hände u. Schulterblätter nach vor-ne ziehen (Depression u. Protraktion Schulterblätter), Kopf nach vor-ne neigen (Flexion HWS), Position halten	aktiv-statisch
10) Streckung über Fitball (Albrecht & Meyer, 2015, S.114)	**ZM:** Bauch/M. rectus abdominis; Zwischenrippenmuskeln/Mm. inter-costales externi; **Ausgangsposition:** Rückenlage auf großem Fitball; Kopf, Schultern, WS u. Gesäß auf Ball; Beine stehen auf Boden, Arme liegen auf Rumpf; **Bewegung:** keine; Position halten; Dehnung durch Widerstand des Hilfsmittels (Fitball)	passiv-statisch

Tab. 4: Belastungsgefüge Dehntraining

Übung	Häufigkeit pro Woche	Dauer		Intensität
0) Warm-Up	3x	10 Min.		leicht
Übung	Häufigkeit pro Woche	Sätze pro Übung	isometr. Kontraktions- / Dehnphase	Intensität
1) Ausfallschritt auf Step	3x	3	10 Sek. / 25 Sek. je Seite	maximal
Übung	Häufigkeit pro Woche	Sätze pro Übung	Dehndauer	Intensität
2) Oberkörperrotation an Wand	3x	3	25 Sek je Seite	maximal
3) Ferse im Stand zum Gesäß ziehen	3x	3	25 Sek. je Seite	weich
4) Senkrechte Beinstreckung im Liegen	3x	3	25 Sek. je Seite	weich
5) Seitgrätschstand	3x	3	25 Sek. je Seite	weich
6) Liegender Beinknoten	3x	3	25 Sek. je Seite	weich
7) Katzenbuckel	3x	3	15 Sek / 10 Wdh.	weich
8) Tiefe Schrittstellung	3x	3	25 Sek. je Seite	weich
9) Kopf runter, Arme vor	3x	3	15 Sek. / 10 Wdh.	weich
10) Streckung über Fitball	3x	3	15 Sek. / 5 Wdh.	weich

Begründung der Trainingsplangestaltung:

Vor Beginn des Dehntrainings werden alle Hauptmuskelgruppen sowie das Herz-Kreislaufsystem durch ein leichtes Warm-Up-Programm mit Einlaufen bzw. Indoor-Cycling und Mobilisationsübungen ca. 10 Min. aufgewärmt und auf das nachfolgende Trainingsprogramm vorbereitet. Die Auswahl der Dehnübungen und die Gestaltung des Belastungsgefüges (Häufigkeit pro Woche, Sätze pro Übung, Dehndauer, Intensität) ergeben sich aus den Testergebnissen (leichte Defizite in den Muskelgruppen M. triceps surae und M. pectoralis major) und den Zielsetzungen von Frau X (Erhalt bzw. Verbesserung der Beweglichkeit) und sind an den Empfehlungen für ein die Beweglichkeit verbesserndes Stretchtraining nach Albrecht & Meyer (2015) orientiert (Albrecht & Meyer, 2015, S.38). So werden neben den defizitären (Übung 1 & 2) auch die nicht-defizitären Muskelgruppen (Übung 3-10) und damit alle 8 Pflichtdehnbereiche (Albrecht & Meyer, 2015, S.63) in der als trainingswirksam empfohlenen Häufigkeit von 3x pro Woche trainiert, wobei alle Dehnmethoden (passiv, aktiv, statisch, dynamisch, postisometrisch) zum Einsatz kommen (Albrecht & Meyer, 2015, S.63). Vor allem bei den defizitären Muskelgruppen (Übung 1 & 2) werden hohe Dehnreize mit maximaler Intensität gesetzt, da sich diese im Gegensatz zu niedrigen Dehnreizen mit submaximaler Intensität als signifikant wirksamer für die Veränderung der Bewegungsreichweite erwiesen haben (Marschall, 1999, S.7). Beim statischen Dehnen handelt es sich um eine „… langsame, kontrollierte, ohne Nachfedern ausgeführte Dehnung. Der Muskel wird bis zu einer Position gebracht, in der ein leichtes Ziehen spürbar ist, und dann in dieser Stellung eine Zeitlang gehalten" (Albrecht & Meyer, 2015, S.40). Da man in der Literatur unterschiedliche Aussagen sowohl über die Zeitdauer (von 5 Sek. bis 2 Min.) als auch über die Satz- bzw. Wiederholungszahl (zw. 3-10) findet (Albrecht & Meyer, 2015, S.40), orientieren sich Dehndauer sowie Satz- und Wiederholungszahl an den aus ihrer praktischen Arbeit erworbenen Erfahrungswerten von Albrecht & Meyer (2015) bzw. Flicke (2014), die eine Beibehaltung der Dehnposition von 10-30 Sek. sowie eine Satzzahl von 2-3 Sätzen (Flicke, 2014, S.109) empfehlen. Diese Parameter gelten auch für das dynamische Dehnen, bei dem „… am Bewegungsende kleine rhythmische Bewegungen ausgeführt" (Albrecht & Meyer, 2015, S.42) werden. Die postisometrische oder auch Anspannungs-Entspannungs-Dehntechnik „… ist eine Unterform des passiv-statischen Dehnens" (Albrecht & Meyer, S.42), deren Vorteile darin liegen sollen, „… dass unmittelbar nach der isometrischen Kontraktion die Muskelaktivität vermindert sei und somit der Dehnung weniger Gegenspannung entgegengesetzt werde. Durch die Spannungserhöhung in der Sehne komme es zu einer autogenen Hemmung, verbunden mit einer Entspannung des Muskels" (Albrecht & Meyer, 2015, S.42). Darüber hinaus soll das postisometrische Dehnen dabei helfen, „...zu spüren, wo die Dehnung und die Entspannung im Körper sein soll" (Albrecht & Meyer, 2015, S.42). Da Frau X häufig über ein Spannungsgefühl in den Waden klagt, wird Übung 1 für die M. triceps surae postisometrisch gestaltet, so dass Frau X das bewusste An- und Entspannen der Wadenmuskulatur erlernen und eine bessere Körperwahrnehmung entwickeln kann.

4 Trainingsplanung Koordinationstraining

Versteht man zum einen die Bewegungskoordination als „... die Organisation von Bewegungen ... in Ausrichtung auf ein Ziel bzw. einen Zweck" (Meinel & Schnabel, 1987, S.54; zitiert nach Neumaier, 2016, S.12) und andererseits „... aktive Bewegungen als Veränderungen von Gleichgewichtszuständen" (Mester, 1996, S.320; zitiert nach Neumaier, 2016, S.50), so kommt der Gleichgewichtsregulation bei der Lösung von Bewegungsaufgaben eine zentrale Bedeutung zu. „Geht die Kontrolle des Gleichgewichts verloren, befindet sich der Körper in einer bedrohlichen Situation (Sturzgefahr). Deshalb ist die Sicherung bzw. Wiederherstellung des Gleichgewichts ein grundlegender, immer einbezogener Bestandteil jeder Bewegungshandlung" (Neumaier, 2016, S.48). Bewegungsaufgaben können nur „... in Abhängigkeit bzw. unter Berücksichtigung der spezifischen Gleichgewichtskontrolle" (Neumaier, 2016, S.101) bewältigt werden. Damit Frau X ihren alltäglichen und sportlichen Bewegungsaufgaben koordinativ besser gewachsen ist (damit ist gemeint: optimales Erfassen der Bewegungsaufgabe; Entwerfen eines geeigneten Bewegungsprogramms im ZNS plus Anpassung und Fertigstellung auf Rückenmarksebene mit optimalem intra- u. intermuskulärem Zusammenspiel, angemessener Kraftabstufung sowie räumlich und zeitlich präziser Bewegungsausführung inklusive Bewegungskontrolle durch Rückinformation (Neumaier, 2016, S.53, 75)), wird für sie ein propriozeptives Training zusammengestellt, das der Schulung ihrer Tiefensensibilität und Körperwahrnehmung, der Verbesserung ihrer Körperstabilität und reflektorischen Muskelaktivität sowie der Wiederherstellung und Stabilisierung physiologischer Gelenkstellungen dient (Häfelinger & Schuba, 2013, S.27).

Tab. 5: Trainingsplan Koordinationstraining

Übung	Ausführung
0) Warm-Up	10 Min. leichtes Einlaufen, Mobilisationsübungen für Oberkörper u. WS
1) Standkreisel; Augen auf, stabile Unterlage (Häfelinger & Schuba, 2013, S.102, Übung 1)	**Ausgangsposition**: hüftbreiter Stand auf festem Boden, Augen geöffnet, Arme hängen seitlich am Körper; **Bewegung**: Verlagerung des Körperschwerpunkts nach vorne u. hinten, rechts u. links, diagonal und in Kreisform; vor jedem Richtungswechsel: Körper ins Lot bringen
2) Standkreisel; Augen zu, stabile Unterlage	**Ausgangsposition**: hüftbreiter Stand auf festem Boden, Augen geschlossen, Arme hängen seitlich am Körper; **Bewegung**: siehe Übung 1)
3) Einbeinstand statisch; Augen auf, stabile Unterlage (Häfelinger & Schuba, 2013, S.103, Übung 3)	**Ausgangsposition**: hüftbreiter Stand auf festem Boden; Augen geöffnet, Arme als Stabilisatoren seitlich vom Körper leicht weggestreckt; **Bewegung**: Spielbein im Knie- und Hüftgelenk beugen und vom Boden anheben; Standbein im Kniegelenk leicht gebeugt; Position halten
4) Einbeinstand dynamisch; Augen auf, stabile Unterlage (Häfelinger & Schuba, 2013, S.105, Übung 5)	**Ausgangsposition**: siehe Übung 3); **Bewegung**: Spielbein im Knie- und Hüftgelenk leicht beugen und vom Boden anheben; Standbein im Kniegelenk leicht gebeugt; Spielbein locker vor u. zurück bewegen, Arme schwingen gegengleich mit
5) Einbeinstand statisch; Augen auf; Balancepad (Häfelinger & Schuba, 2013, S.118, Übung 23)	**Ausgangsposition**: hüftbreiter Stand auf instabilem Balancepad; Augen geöffnet, Arme als Stabilisatoren seitlich vom Körper leicht weggestreckt; **Bewegung**: siehe Übung 3)
6) Einbeinstand dynamisch, Augen auf; Balancepad (Häfelinger & Schuba, 2013, S.119; Übung 25)	**Ausgangsposition**: siehe Übung 5); **Bewegung**: siehe Übung 4)
7) Balancieren auf umgedrehter Bank; Augen auf (Neumaier, 2016, S.178)	**Ausgangsposition**: in Schrittstellung auf umgedrehter Bank, Augen geöffnet, Arme als Stabilisatoren seitlich vom Körper leicht weggestreckt; **Bewegung**: einen Fuß vor den anderen setzend die gesamte Bank entlang balancieren
8) Balancieren auf umgedrehter Bank mit Ball; Augen auf	**Ausgangsposition**: in Schrittstellung auf umgedrehter Bank, Augen geöffnet, Arme als Stabilisatoren seitlich vom Körper leicht weggestreckt; Ball in einer Hand; **Bewegung**: einen Fuß vor den anderen setzend die gesamte Bank entlang balancieren, dabei den Ball über den Kopf von einer in die andere Hand übergeben
9) Stand auf Senso Balance Igel; Augen auf, Ball zuwerfen mit Partner (Häfelinger & Schuba, 2013, S.136, Übung 63)	**Ausgangsposition**: zwei Partner stehen sich mit geöffneten Augen auf Senso Balance Igeln (= luftgefüllte Halbkugeln mit Noppen-Oberfläche) gegenüber (pro Fuß ein Igel); **Bewegung**: Partner werfen sich Ball aus unterschiedlichen Ebenen zu ohne die Senso Balance Igel zu verlassen

Übung	Ausführung
10) Balancieren über Senso Balance Igel-Parcours, Augen auf	**Ausgangsposition**: Einbeinstand auf einem Senso Balance Igel; Augen geöffnet, Arme als Stabilisatoren seitlich vom Körper leicht weggestreckt; **Bewegung**: langsames Balancieren über einen Parcours aus Senso Balance Igeln; je nach Trainingsstatus kann Tempo erhöht werden

Tab. 6: Belastungsgefüge Koordinationstraining

Übung	Häufigkeit pro Woche	Sätze pro Übung	Satz- pausen	Belastungsdauer (Abbruch bei Ermüdung, Schmerz, nachlassender Konzentration etc.)
0) Warm-Up	3	1	keine	10-15 Min.
1) Standkreisel, Augen auf, stabile Unterlage	3	3	40 Sek.	30 Sek.
2) Standkreisel, Augen zu, stabile Unterlage	3	3	40 Sek.	30 Sek.
3) Einbeinstand statisch, Augen auf, stabile Unterlage	3	3 pro Seite	je 30 Sek.	15 Sek.
4) Einbeinstand dynam., Augen auf, stabile Unterlage	3	3 pro Seite	je 30 Sek.	25 Sek. bzw. 20x vor- u. zurück schwingen
5) Einbeinstand statisch, Augen auf, Balancepad	3	3 pro Seite	je 30 Sek.	20 Sek.
6) Einbeinstand dynam., Augen auf, Balancepad	3	3 pro Seite	je 30 Sek.	25 Sek. bzw. 20x vor- u. zurück schwingen
7) Balancieren auf umgedrehter Bank, Augen auf	3	3	40 Sek.	50 Sek. bzw. 6x über die Bank balancieren
8) Balancieren auf umgedrehter Bank mit Ball, Augen auf	3	3	40 Sek.	50 Sek. bzw. 5x über die Bank balancieren
9) Stand auf Senso Balance Igel, Augen auf, Ball zuwerfen mit Partner	3	3	40 Sek.	30 Sek.
10) Balancieren über Senso Balance Igel-Parcours, Augen auf	3	3	40 Sek.	50 Sek. bzw. 2x über den Parcours balancieren

Begründung der Trainingsplangestaltung:

Bei der Auswahl der Übungen sowie der Gestaltung der Belastungsparameter wurde den Grundsätzen von Häfelinger & Schuba (2013) gefolgt, die für das propriozeptive Training folgende Empfehlungen abgeben: Das Training der Propriozeption sollte stets in ausgeruhtem Zustand erfolgen, „… da eine hohe Konzentrationsleistung nötig ist, um den Körper in Balanciersituationen im Gleichgewicht zu halten" (Häfelinger & Schuba, 2013, S.92). Dementsprechend erfolgt das Training unmittelbar nach einem kurzen Warm-Up ohne vorangehendes Kraft- oder Ausdauertraining. Um Lernstress, Müdig- und Motivationslosigkeit zu vermeiden, wurden bei Auswahl und Reihung der Übungen folgende methodische Grundsätze beachtet: Vom Bekannten zum Unbekannten, vom Leichten zum Schwierigen (statisch → dynamisch, stabil → instabil, offene → geschlossene Augen, große → kleine Unterstützungsfläche, langsame → schnelle Bewegungsausführung, ohne → mit Hilfsmittel, einfach → komplex, ohne → mit Hilfsmittel, ohne → mit Partner) (Häfelinger & Schuba, 2013, S.85). Die Gesamtdauer von 46,5 Min. pro Trainingseinheit ergibt sich aus der Auswahl der Übungen sowie aus der Zielsetzung und dem zeitlichen Verfügungsrahmen von Frau X und liegt innerhalb des empfohlenen Umfangs von „… 5-20 min und länger …" (Häfelinger & Schuba, 2013, S.86). Die Übungen werden methodengetreu zunächst beidbeinig mit offenen Augen auf stabiler Unterlage, dann einbeinig mit geschlossenen Augen auf instabiler Unterlage ausgeführt und durch den Einsatz von Hilfsmitteln (Ball) bzw. Partner erschwert. Die Wiederholungszahlen orientieren sich an den empfohlenen 5-30 Wiederholungen; unabhängig von der vorgegebenen Belastungsdauer gelten Schmerzen, Ermüdung, Unwohlsein sowie nachlassende Konzentration und sinkende Qualität der Übungsausführung als unmittelbare Abbruchkriterien (Häfelinger & Schuba, 2013, S.87). Bei statischen Übungen wird die Spannung zwischen 5-15 Sek. gehalten; bei dynamischen Übungen werden 5-30 Wiederholungen ausgeführt; die Übungen werden im Wechsel rechts und links trainiert. Die Satzpausen werden dynamisch gestaltet, um die Muskulatur zu lockern. Die Pausendauer richtet sich nach der Übungsintensität und variiert zwischen den empfohlenen 10 Sek. und 2 Min. (Häfelinger & Schuba, 2013, S.100-101).

5 Literaturrecherche

Thema: Effekte des Dehnens im Hinblick auf eine Verletzungsprophylaxe

Studie 1: Dehnen im Laufsport. Eine Befragung zu Dehngewohnheiten und Verletzungen

Tab. 7: Studie 1

Autoren	Becker, C., Bös, K.
Publikationsjahr	2009
Versuchspersonen (VP)	N = 176; zufällig ausgewählte LäuferInnen; 61,9% Männer, 38,1% Frauen; Altersdurchschnitt: 38 Jahre; Streuung von 11-92 Jahre; durchschnittl. Lauferfahrung: 11,09 Jahre; 14,8% Gelegenheits-, 45,5% Durchschnitts-, 39,8% Vielläufer
Untersuchungsdesign	schriftl. Befragung (Fragebogen) zufällig ausgewählter VP zu Dehngewohnheiten u. deren Auswirkungen auf Laufverletzungen; Datenauswertung via SPSS-Software; eine Kontrolle über Intensität & Qualität der von den VP durchgeführten Dehnübungen war nicht möglich
Ergebnisse / Schlussfolgerungen	- 145 VP (= 82,4%) dehnen mehr oder weniger regelmäßig - 78 VP (= 44,3%) führen 4-6 Übungen durch - 137 VP (= 77,8%) bevorzugen statisches Dehnen - 72 VP (= 40,9%) halten die Dehnung 11-20 sec - am häufigsten werden vordere Oberschenkel- (von 134 VP; 76,1%), Waden- (von 135 VP; 76,7%) sowie ischiocrurale Muskulatur (von 107 VP; 60,8%) gedehnt - keine signifikanten Unterschiede zw. Männern u. Frauen bzgl. Dehnanwendungen; bei Frauen tendenziell erhöhte Dehnregelmäßigkeit - keine signifikanten Differenzen zw. Altersstufen; tendenziell erhöhte Dehnregelmäßigkeit bei jüngeren LäuferInnen - keine signifikanten Unterschiede zw. Läuftertypen (Gelegenheits-, Durchschnitts-, Vielläufer) - Verletzungen: Muskelverletzungen: 26 VP (= 14,7%); Sehnenverletzungen: 18 VP (= 10,2%); sonstige Verletzungen: 9 VP (z.B. Rückenbeschwerden, Sturzverletzungen an Armen etc.) - bzgl. Verletzungsaufkommen keine signifikanten Unterschiede zw. Läufertypen, Altersgruppen oder Geschlechtern - hohe Erwartungen an das Dehnen: Verletzungsprophylaxe: 59 VP (= 33,5%); Verbesserung der Beweglichkeit: 53 VP (= 30%); Vermeidung von Muskelkater: 33 VP (= 18,8%) - ABER: empirisches Ergebnis bestätigt Erwartungen nicht; dehnende LäuferInnen unterscheiden sich in Verletzungshäufigkeit am Muskel-Band-Apparat nicht signifikant von nicht-dehnenden LäuferInnen; Daten zeigen

Ergebnisse / Schlussfolgerungen	eher gegenläufigen Trend; v.a. bei LäuferInnen, die vor der Laufeinheit dehnen; d.h. Dehnen scheint nicht verletzungsprophylaktisch zu wirken
	- FAZIT: bei vielen LäuferInnen unzureichende Kenntnis über tatsächliche Wirkung des Dehnens sowie darüber, wann welche Methode sinnvoll eingesetzt werden sollte; unstrittig ist positiver Effekt des Dehnens auf Beweglichkeit; vorteilhaft sind externe Dehneinheiten (nicht gekoppelt an Laufeinheiten); vor dem Laufen nur kurze dynamische Dehnungen zur Verbesserung der Muskelkoordination & Anbahnung von Reflexen; nach dem Lauftraining ist von Dehnen abzuraten; Verletzungsprophylaxe durch Dehnen nach allgem. Studienlage und dieser Studie nicht möglich => weitere Studien zu Wirkungen des Dehnens nötig

Studie 2: A randomized trial of preexercise stretching for prevention of lower-limb inury

Tab. 8: Studie 2

Autoren	Pope, R.P., Herbert, R.D., Kirwan, J.D., Graham, B.J.
Publikationsjahr	2000
Versuchspersonen (VP)	1.538 männliche Army-Rekruten
Untersuchungsdesign	- zufällige Zuteilung der VP zur Stretching- bzw. Kontrollgruppe
	- im Rahmen eines 12-wöchigen Trainingsprogramms absolvierten alle VP vor Trainingsbeginn aktive Warm-Up-Übungen
	- unter Aufsicht absolvierte nur die Stretching-Gruppe zusätzlich 20-sekündige statische Dehnübungen für jede der 6 Hauptmuskelgruppen der Beine
	- Kontrollgruppe dehnte nicht
Ergebnisse / Schlussfolgerungen	- während 12-wöchiger Trainingsperiode 333 Verletzungen der unteren Gliedmaßen; davon 214 Verletzungen des Weichgewebes
	- Dehngruppe: 158 Verletzungen; Kontrollgruppe: 175
	- Dehnen vor dem Training hat keine signifikanten Effekte auf allgemeines Verletzungsrisiko, Risiko für Weichgewebeverletzungen sowie Risiko für Knochenverletzungen
	- Fitness-Status, Alter und Eintrittsdatum waren signifikante Vorhersagevariablen für Verletzungsrisiko
	- FAZIT: ein typisches Muskeldehnprogramm im Rahmen des Warm-Ups vor dem Training reduzierte das Verletzungsrisiko im Training nicht

6   Literaturverzeichnis

Albrecht, K. & Meyer, S. (2015). *Stretching und Beweglichkeit. Das neue Experten-handbuch* (3., überarbeitete Aufl.). Stuttgart: Karl F. Haug.

Becker, C. & Bös, K. (2009). Dehnen im Laufsport. Eine Befragung zu Dehngewohn-heiten und Verletzungen. *B & G Bewegungstherapie und Gesundheitssport 25*, 58-61. Stuttgart: Haug Verlag in Georg Thieme Verlag KG. Zugriff am 18.06.2017. Verfügbar unter: https://www.thieme-connect.de/products/ejournals/html/10.1055/s-0028-1098852 bzw. Abstract unter: https://www.thieme-connect.com/products/ejournals/abstract/10.1055/s-0028-1098852?lang=de

Flicke, T. (2014). *Sport & Fitness. Sportfachlich beraten und betreuen.* Berlin: Cornel-sen.

Häfelinger, U.& Schuba, V. (2013). Koordinationstherapie – Propriozeptives Training (6. Aufl.). Aachen: Meyer & Meyer.

Hottenrott, K., Neumann, G. (2016). *Trainingswissenschaft. Ein Lehrbuch in 14 Lek-tionen. Band 7* (3., überarbeitete Aufl.). Aachen: Meyer & Meyer.

Janda, V. (2000). *Manuelle Muskelfunktionsdiagnostik* (4. Aufl.). München: Urban & Fischer.

Marschall, F. (1999). Wie beeinflussen unterschiedliche Dehnintensitäten kurzfristig die Veränderung der Bewegungsreichweite? *Deutsche Zeitschrift für Sportmedizin, 50* (1), 5-9. Augsburg: Dynamic Media Sales. Zugriff am 19.07.2017. Verfügbar unter: http://circuit-training-dehnen-dr-klee.de/dokumente/Marschall%20(1999).pdf

Neumaier, A. (2016). *Koordinatives Anforderungsprofil und Koordinationstraining: Grundlagen, Analyse, Methodik. Training der Bewegungskoordination. Band 1* (5., korr. Aufl.). Köln: Sportverlag Strauß.

Pope, R.P., Herbert, R.D., Kirwan, J.D. & Graham, B.J. (2000). A randomized trial of preexercise stretching for prevention of lower-limb injury. *Medicine & Science in Sports & Exercise 32* (2), 271-277. Indianapolis: American College of Sports Medicine/Wolters Kluwer. Zugriff am 18.06.2017. Verfügbar unter: http://andrewvs.blogs.com/files/stretching-to-prevent-injury.pdf

7   Tabellenverzeichnis